Impressum
Verlag: BABADADA GmbH, Nedderfeld 112 , 22529 Hamburg
Geschäftsführer / Verlagsleitung: Harald Hof
Druck: Books on Demand GmbH, In de Tarpen 42, 22848 Norderstedt

Imprint
Publisher: BABADADA GmbH, Nedderfeld 112 , 22529 Hamburg, Germany
Managing Director / Publishing direction: Harald Hof
Print: Books on Demand GmbH, In de Tarpen 42, 22848 Norderstedt

kyemu
divide

186/2

twerε pono
board

sukuudanmu
classroom

sukuu mu
school yard

kyerεkyerεni
teacher

krataa
paper

twerε
write

pεn
pen

εpono a yεyε so adwuma
desk

rula
ruler

nwoma
book

sukuuni
pupil

baage

satchel

twerεdua konko

pencil case

twerεdua

pencil

deε yεde sensen twerεdua
ano

pencil sharpener

rɔba

rubber

krataa a yεdwi adeguso

drawing pad

adedwie

drawing

penti brɔhye

paintbrush

penti adaka

paint box

apasoɔ

scissors

aman

glue

nwoma a yɛyɛ mu adwuma

exercise book

efie adwuma

homework

nɔma

number

kabom

add

te fri mu

subtract

mmɔho

multiply

sese

calculate

lɛtɛ

letter

ntwerɛeɛ

alphabet

asɛmfua

word

ntwerɛdeɛ

text

kenkan

read

kyɔk

chalk

adesua

lesson

twerɛ wo din

register

nsɔhwɛ

examination

abodinkrataa

certificate

sukuu ataadeɛ

school uniform

adesua

education

nyansa nwoma

encyclopedia

suapɔn

university

maakroskop

microscope

map

map

kɛntɛn a yɛde krataa nwura
gu mu

waste-paper basket

ahɔhogyebea
hotel

hostɛl
hostel

baabi a yɛ sesa sika
currency exchange office

potomanto
suitcase

kaa
car

kasa
language

aane / dabi
yes / no

Yoo
Okay

hɛlo
hello

kasa asekyerɛfoɔ
translator

Medaase
Thank you

...boɔ yɛ sɛn?

how much is...?

Me nte aseɛ

I don´t get it

ɔhaw

problem

Maadwo!

Good evening!

Maakye!

Good morning!

Dayie!

Good night!

baibai o

goodbye

akwankyerɛ

direction

wo nneɛma

luggage

bɔtɔ

bag

akyirebɔtɔ

backpack

ɔhɔhoɔ

guest

danmu

room

bɔtɔ a yɛda mu

sleeping bag

ntomadan

tent

nsɛm dema wɔn a wɔkɔ
nsrahwɛ

tourist information

mpoano

beach

kaade a yɛde yi sika

credit card

anɔpa aduane

breakfast

awua aduane

lunch

anwumerɛ aduane

dinner

tiket

Ticket

pegya

elevator

stamp

stamp

ɛhyeɛ so

border

kutɔmfoɔ

customs

embasi

embassy

visa

visa

passpɔt

passport

ewiemhyɛn
airplane

suhyɛn
ship

afidie no so engine
fire truck

bɔs
bus

lɔre
truck

naa a moto bɔ ho

sakre
bike

kaa
car

hyɛma

ferry

suhyɛn kumaa

boat

motosakre

motorbike

polisifoɔ kaa

police car

kaa a ɛkɔ mirika akansie

racing car

kaa a yɛde ma ahan

rental car

wɔre kyɛ kaa

car sharing

lɔre a asɛɛ

tow truck

bɔɔla kaa

garbage truck

moto

engine

pɛtro

fuel

baabi a yɛbu pɛtro

fuel station

trafik ahyɛnsodeɛ

traffic sign

trafik

traffic

trafik akye

traffic jam

baabi a yɛde kaa esi

parking lot

keteke gyinabea

train station

keteke kwan

tracks

keteke

train

tram

tram

ponkɔ kaa

wagon

helikopta

helicopter

ewiemhyɛnbea

airport

abansoro

tower

apasingyani

passenger

tontowa

container

adaka

carton

kaate

cart

kɛntɛn

basket

atu / asi fam

take off / land

kuro kɛseɛ

city

akurase

village

kuro dwaberɛ mu

city center

efie

house

sinidanmu
movie theater

dawurobɔ
advert

ɛkwan so kanea
street light

ɛkwan
street

taisi
taxi

kiosk
snack shop

nnipa
pedestrian

kaakwan ho
sidewalk

baabi a yɛtwa kwan mu
zebra crossing

ɔla kyɛnsen wɔ mmɔntenso
mpster

ntwamu
crossing

trafik kanea
traffic lights

apata

hut

efie

apartment

keteke gyinabea

train station

adwaberɛm

city hall

bea a yɛ kora tete nneɛma

museum

sukuu

school

suapɔn

university

sikakrobea

bank

ayaresabea

hospital

ahɔhogyebea

hotel

famasi

pharmacy

asoeɛ

office

sotɔɔ a wɔtɔn nwoma

book shop

sotɔɔ

shop

baabi yɛtɔn nhwiren

flower shop

sotɔɔpɔn

supermarket

edwam

market

sotɔɔ kɛseɛ

department store

baabi a yɛtɔn mpataa

fishmonger's shop

dwadibea kɛseɛ

mall

suhyɛn gyinabea

harbor

baabi kaa gyina

park

bɛnkye

bench

ɛtwene

bridge

atwedeɛ

stairs

asaase ase

subway

ɛbɔn

tunnel

baabi a bɔs gyina

bus stop

nsanombea

bar

adidibea

restaurant

lɛta adaka

postbox

ɛkwan so akwankyerɛ

street sign

baabi kaa gyina ho mita

parking meter

zoo

zoo

nsuo a yɛ dware mu

swimming pool

nkramodan

mosque

afuo

farm

deɛ egu mmɔnten so fi

pollution

asieɛ

cemetery

asɔre

church

agodibea

playground

asɔre dan

temple

mmɔnten so asiesie

landscape

ahaban
leaf

sanbɔd
signpost

kwan
path

asaase a ɛsere wɔ so
meadow

boba
stone

ɔnantefoɔ
hiker

dua
tree

asubɔnten
river

ɛsere
grass

nhwiren
flower

amenamu

valley

bepɔ

hill

tadeɛ

lake

kwaeɛ

forest

ɛserɛ so

desert

egya a efri botan mu

volcano

abankɛseɛ

castle

nyankontɔn

rainbow

emere

mushroom

abɛtene

palm tree

ntomntom

mosquito

tu

fly

ntɛtea

ant

wowa

bee

ananse

spider

amankuo

beetle

aponkyerɛni

frog

opuro

squirrel

apɛsɛ

hedgehog

adanko

hare

patuo

owl

anomaa

bird

nsuo mu dabodabo

swan

kɔkɔte

boar

adoa

deer

ɔtweenini

moose

dam

dam

wind turbine afidie

wind turbine

afidie a ɛkye awia

solar panel

wiem nsakraeɛ

climate

ɔsom adidieɛ
waiter

aduane a ɛwɔ hɔ
menu

akonwa
chair

pisa
pizza

nkwan
soup

ntoma a ɛse pono so
tablecloth

ntere a yɛde didi
cutlery

mprampra anom
starter

aduane no ankasa
main course

mpa anom
dessert

nsa
drinks

aduane
food

toa
bottle

aduane hyewhyew

fast food

abɔnten so aduane

street food

tii kukuo

teapot

asikyire konko

sugar bowl

wo kyɛfa

portion

espresso afidie

espresso machine

akonwa tenten

high chair

wo ka

bill

apanpan

tray

sekan

knife

adinam

fork

atere

spoon

atere ketewa

teaspoon

napkin a yɛde pepa ano

serviette

glase

glass

prɛte

plate

kwan kyɛnsee

soup plate

prɛte ketewa

saucer

abomu

sauce

nkyene kukuo

salt shaker

yɛde yam mako

pepper mill

fenega

vinegar

anwa

oil

aduhwam

spices

kɛkyɔp

ketchup

mustad

mustard

mayones

mayonnaise

ntesoɔ soronko
special offer

adetɔfoɔ
customer

nanatwie nufusuo
dairy products

aduaba
fruit

hwiili
shopping cart

baabi a yɛtɔn nam

butcher's shop

baabi a yɛtɔn paano

bakery

susu

weigh

atosodeɛ

vegetables

nam

meat

frigyemu aduane

frozen food

nam a adwoɔ

cold cuts

kyɛnsee mu aduane

canned food

paoda samena

detergent

adedɔkɔdɔkɔ

candy

efie nneɛma

household products

adetɔneɛ a yɛde pepa fin

cleaning products

nnipa a ɔtɔn adeɛ

sales representative

afidie a egye sika

cash register

ɔgyegye sika

cashier

krataa a wodi rekɔ di dwa

shopping list

berɛ a wɔde bua

opening hours

sikabotɔ

wallet

kaade a yɛde yi sika

credit card

baage

bag

rɔba baage

plastic bag

nsuo

water

aduaba mu nsuo

juice

nufusuo

milk

kok

coke

wain nsa

wine

biya

beer

mmorosa

alcohol

kokoo

cocoa

tii

tea

kofe

coffee

espresso

espresso

kapukyino

cappuccino

kwadu

banana

apol

apple

ankaa

orange

melon

melon

akutoɔ

lemon

karɔt

carrot

garlik

garlic

pampro

bamboo

gyeene

onion

mmere

mushroom

nkateɛ

nuts

talia

noodles

spageti

spaghetti

ɛmo

rice

salad

salad

kyipis

fries

abrɔdwomaa a y'akye

fried potatoes

pisa

pizza

hambɔga

hamburger

sanwekye

sandwich

nam a dompe nnim

escalope

preko nam

ham

nam a y'ahata

salami

sɔsege

sausage

akokɔ

chicken

toto

roast

apataa

fish

oosu koko

porridge oats

muesli

muesli

konflese

cornflakes

esam

flour

krossant

croissant

paano a y'abobɔ

bread roll

paano

bread

paano a y'atoto

toast

biskete

cookies

bɔta

butter

nufusuo a ada

curd

keeke

cake

kosua

egg

kosua a y'akyeɛ

fried egg

kyiis

cheese

asskrim

ice cream

asikyire

sugar

ɛwoɔ

honey

gyaam

jelly

kyokolete

nougat cream

kɔri

curry

afuomdan
farm house

afuomdan
barn

εserε a y'aboa ano
straw bale

asaase
field

pɔnkɔ
horse

trela
trailer

ponkɔ ba
foal

trakta
tractor

afunumu
donkey

oguama
lamb

odwan
sheep

apɔnkye

goat

nantwie

cow

nantwie ba

calf

prεko

pig

prεko ba

piglet

nantwinini

bull

dabodabo nua

goose

dabodabo

duck

akokɔba

chick

akokɔbedeɛ

hen

akokɔnini

cockerel

kusie

rat

ɔkra

cat

akura

mouse

nantwinini

ox

kraman

dog

kraman buo

dog house

afuom drobɛn

garden hose

tontora a yɛde gu nsuo

watering can

sekan a yɛde twa aburo

scythe

funtum dadeɛ

plow

kɔntɔnkrɔ

sickle

asɔ

hoe

afuom adinam

pitchfork

akuma

axe

hweebaro

pushcart

adidika

trough

nufusuo konko

milk can

bɔtɔ

sack

ɛban

fence

pɔnkɔ dan

stable

ntomadan a yɛyɛ mu afuo

greenhouse

anwea

soil

aba

seed

ɔyɛ asaaseyie

fertilizer

otwaberɛ trakta

combine harvester

twa

harvest

otwaberɛ

harvest

bayerɛ

yams

ayuo

wheat

soya

soya

abrɔdwomaa

potato

aburo

corn

repu aba

rapeseed

dua a ɛso aba

fruit tree

bankye

manioc

aburo asefoɔ

grain

afuo - farm

nwusie kyiniieɛ
chimney

mmɔsɔɔ
roof

paipo a nsuo fa mu
downspout

mpoma
window

garage
garage

ɛpono ho adɔma
doorbell

ɛpono
door

bɔɔla kyɛnsen
trash can

lɛta adaka
mailbox

afuoketewa
garden

asaso

living room

adwareɛ

bathroom

mukaase

kitchen

pie mu

bedroom

nkwadaa dan mu

kids room

dan a yɛdidi mu

dining room

ɛfam

floor

ɛban

wall

abruuso

ceiling

danbloo

cellar

adwereɛ a ɛbɔ ɔhyew

sauna

abranaa

balcony

abranaaso

terrace

nsuo a yɛdware mu

pool

afidie a yɛde dɔ

lawn mower

nsɛfam

sheet

ntoma a ɛse kɛtɛ so

bedspread

mpa

bed

prayɛ

broom

bokiti

bucket

dane

switch

krataa a ɛfam dan ho
wallpaper

nfonin
picture

kanea
lamp

kɔbɔd
shelf

kɔbɔd adaka
cabinet

tiivi
television

egya dabrɛ
fireplace

nhwiren
flower

kuhyɛn
cushion

akonwa kɛseɛ
sofa

kukuo a nhwiren hye mu
vase

remote
remote control

kapɛte

carpet

ntwaa dan mu

drape

ɛpono

table

akonwa

chair

akonwa a ehinhim

rocking chair

akonwa a yɛgyegye dan

armchair

nwoma

book

kuntu

blanket

dan mu nsiesie

decoration

egya

firewood

sini

film

wailɛs

stereo system

safoa

key

koowaa krataa

newspaper

nfonin a y'adwi

painting

nfam danho

poster

radio

radio

krataa a yɛ twere mu

notebook

afidie a ɛprapra

vacuum cleaner

kaktus

cactus

kyɛnere

candle

frigye
fridge

maikrowave
microwave oven

mukaase skeele
kitchen scales

tosta
toaster

samena
laundry detergent

foonoo
stove

friza
freezer

bɔɔla kyɛnsen
trash can

afidie a ɛhohoro nkukuo mu
dishwasher

abɛɛfo bukyea

cooker

kokuo

pot

dadesɛn

cast-iron pot

wok / kadai

wok / kadai

kyɛnsee

pan

nsuo hyeɛ afidie

kettle

stiima

steamer

apa a yɛ to so adeɛ

baking tray

prɛte, kuruwa, ntere ne nea ɛkeka ho

crockery

kuruwa a etumi bɔ

mug

kyɛnsee

bowl

nnua a yɛde didi

chopsticks

kwantre

ladle

dua atere

spatula

yɛde nu adeɛ mu

whisk

sɔneɛ

strainer

fefe

sieve

greta

grater

waduro

mortar

kyinkyinga

barbecue

bukyea

fireplace

ɛpono a yɛ twitwaso adeɛ

chopping board

ɛta

rolling pin

deɛ yɛtu nsa so

corkscrew

konko

can

deɛ yɛde bue konko so

can opener

yɛde sɔ kukuo mu

oven cloth

sink

sink

brɔhye

brush

sapɔ

sponge

aduane yam fidie

blender

friza nini

deep freezer

toa a abɔdoma nom ano

baby bottle

paipo

tap

hyawa
shower

ɔhyewbɔ
heating

bɔɔloba
towel

ntoma etwa hyawa mu
shower curtain

ahuro a yɛdware mu
bubble bath

pan a yɛdware mu
bathtub

glase
glass

afidie a esi nnɛma
washing machine

tiailse
tiles

paipo
tap

kuraba
potty

sink
sink

teɛfi

toilet

teɛfi a yɛ koto so

squat toilet

bidet teɛfi

bidet

dwonsɔ dan

urinal

teɛfi so krataa

toilet paper

teɛfi so brɔhye

toilet brush

brɔhye a yɛde twitwiri see

toothbrush

aduro a yɛde twitwiri see

toothpaste

yɛde yiyi ɛsee mu

dental floss

si

wash

hyawa a yɛsɔ mu

hand shower

paipo a yɛde hohoro ananmu

douche

bokiti

basin

brɔhye a wode dware w'akyi

back brush

samena

soap

hyawa samena

shower gel

nsuo samena

shampoo

flanɛl ntoma

flannel

baabi a nsu fa pue

drain

nku

creme

yɛde fefa amotoamu

deodorant

ahwehwɛ

mirror

ahwehwɛ a yɛsɔ mu

hand mirror

bled

razor

ahuro a yɛde yi nwi

shaving foam

aduro a yɛde fefa baabi a
wo ayi nwi

aftershave

afen

comb

brɔhye

brush

afidie a ɛwo nwi

hair-dryer

enwi sopre

hairspray

pɔns

makeup

lipstike

lipstick

penti a yɛde mɔreɛ so

nail varnish

asaawa

cotton wool

apasoɔ a etwa mmɔreɛ

nail scissors

aduhwam

perfume

adwareɛ baage

washbag

edwa

stool

skele

weighing scales

adwereɛ ataadeɛ

bathrobe

rɔba a yɛde hyɛ nsa ho

rubber gloves

tampon

tampon

abɛɛfo amonsen

sanitary towel

teɛfi a aduro gum

chemical toilet

klɔk a ɛbɔ nkaeɛ
alarm clock

kyoobi
cuddly toy

toi kaa
toy car

akasaa
rattle

broniba dan
doll's house

seeseiara
present

baaluu

balloon

mpa

bed

nkwadaa kaa

stroller

sopaa

deck of cards

gyiksɔɔ

jigsaw

nsɛnkwa

comic

lego blɔg

lego bricks

blɔg a yɛde si dan

toy blocks

nnipa ɔbɔhye

action figure

abɔdoma ataadeɛ

romper suit

frisbee

frisbee

mobail

mobile

ponoso agodie

board game

daahye

dice

nkwadaa keteke

model train set

koliko

pacifier

apontoɔ

party

nfonin nwoma

picture book

bɔɔlo

ball

broniba

doll

di agorɔ

play

anwea adaka

sandpit

adonko

swing

tois

toys

video agodie apaawa

video game console

sakre a ne nan meɛnsa

tricycle

kyoobi

teddy bear

wɔdropo

wardrobe

ntaadeɛ
clothing

sɔks

socks

stokens

stockings

sekentait

tights

duku
scarf

kyinieɛ
umbrella

t-hyɛɛt
t-shirt

bɛlɛte
belt

mpaboa
boots

kyalewate
slippers

kamboo
sneakers

asopatre
sandals

mpoboa
shoes

rɔba mpaboa
rubber boots

ɛtam
underwear

bra
bra

singlɛte
undershirt

ntaadeɛ - clothing

45

nipadua

body

trɔsa

pants

gyins

jeans

sekɛɛt

skirt

ɛsoro ataadeɛ

blouse

hyɛɛte

shirt

nkatoho a ɛko awɔ

pullover

hoodie

sweater

koot

blazer

nkatasoɔ

jacket

nkatasoɔ

coat

nsutɔ mu nkataho

raincoat

dwumadie bi ho ataadeɛ

costume

mmaa atadeɛ

dress

ayefrɔ ataadeɛ

wedding dress

kootu

suit

mmaa ataadeɛ a yɛde da

nightgown

pigyamas ataadeɛ

pajamas

sari

sari

duku

headscarf

abotire

turban

burka

burka

kaftan

kaftan

nkramofoɔ mmaa atadeɛ

abaya

ataadeɛ a yɛde dware nsuo

swimsuit

asenemu ataadeɛ

trunks

nika

shorts

agokansie ntaadeɛ

tracksuit

akatasoɔ

apron

nsa nkataho

gloves

bɔtom

button

sopɛɛse

glasses

ahwneɛ

bracelet

komadeɛ

necklace

kawa

ring

asomadeɛ

earring

ɛkyɛ

cap

yɛde koot sɛn so

coat hanger

ɛkyɛ

hat

abɔmene mu

tie

zip

zip

ɛkyɛ denden

helmet

bresis

braces

sukuu ataadeɛ

school uniform

adwuma ataadeɛ

uniform

mmɔfra bib
·················
bib

koliko
·················
pacifier

nkwadaa napken
·················
diaper

sɛɛva
server

kabenɛt
filing cabinet

krataa
paper

printa
printer

monita
monitor

ɛpono a yɛyɛ so adwuma
desk

Maws
mouse

nhyemu
folder

ntwerɛeɛ pono
keyboard

ɛn a yɛde krataa nwura gu mu
e-paper basket

komputa
computer

akonwa
chair

kɔfe kuruwa
·················
coffee mug

akontabuo fidie
·················
calculator

intanɛt
·················
internet

laptop

laptop

lɛta

letter

nkratɔɔ

message

mobail kasafidie

cell phone

nɛtwɛke

network

fotokɔpi

photocopier

softwɛɛ

software

tetefon

telephone

sɔkɛt

plug socket

faks afidie

fax machine

katraa

form

nkrataa

document

tɔ

buy

tua

pay

di dwa

trade

sika

money

USD

dollar

dollar

EUR

euro

euro

JPY

yen

yen

RUB

rubel

rouble

CHF

Swiss franks

Swiss franc

CNY

renminbi yuan

renminbi yuan

INR

rupii

rupee

baabi yɛtua sika

cash point

baabi a yɛ sesa sika

currency exchange office

sika kɔkɔɔ

gold

dwetɛ

silver

now

oil

ahoɔden

energy

ne boɔ

price

kontragye

contract

ɛtoɔ

tax

stɔk

stock

adwuma

work

adwumayɛni

employee

adwumawura

employer

mfididwuma mu

factory

sotɔɔ

shop

polisini
police officer

odumgya adwumayɛni
fireman

kuku
cook

dɔkota
doctor

obi a otwi wiemhyɛn
pilot

ɔyɛ afuo

gardener

dua dwomfoɔ

carpenter

adepani baa

seamstress

atɛnmuafoɔ

judge

ɔton nnuro

chemist

sini yɛfoɔ

actor

bɔs drɔba

bus driver

taisi drɔba

taxi driver

ɔpofoɔ

fisherman

ɔbaa a osiesie fie

cleaning lady

ɔbɔdanso

roofer

ɔsom adidieɛ

waiter

bɔmɔfoɔ

hunter

penta

painter

ɔto paano

baker

ɔyɛ nkaneɛ ho adwuma

electrician

ɔdansifoɔ

builder

inginia

engineer

ɔdwa nam

butcher

plɔmba

plumber

krataa manefoɔ

postman

sogyani

soldier

ɔdwi adan

architect

ɔgyegye sika

cashier

ɔtɔn nhwiren

florist

ɔyɛ tire

hairdresser

meeti

conductor

fitani

mechanic

nnipa a otwi suhyɛn

captain

ɛsee dɔkota

dentist

abɔdeɛ mu nimdefoɔ

scientist

rabi

rabbi

kramo panin

imam

ɔsɔfo

monk

ɔsɔfo

pastor

hama
hammer

playa
pliers

skrudrɔba
screwdriver

sopana
wrench

abɛɛfo tɛnee
torch

otu amena

excavator

anwenade adaka

toolbox

atwedeɛ

ladder

asradaa

saw

nnadewa

nails

afidie a yɛde bɔne tokro

drill

siesie

repair

sofi

shovel

Ebei!

Damn!

asanwura

dustpan

penti kukuo

paint can

skruu

screws

nneɛma a yɛde bɔ nwom

musical instruments

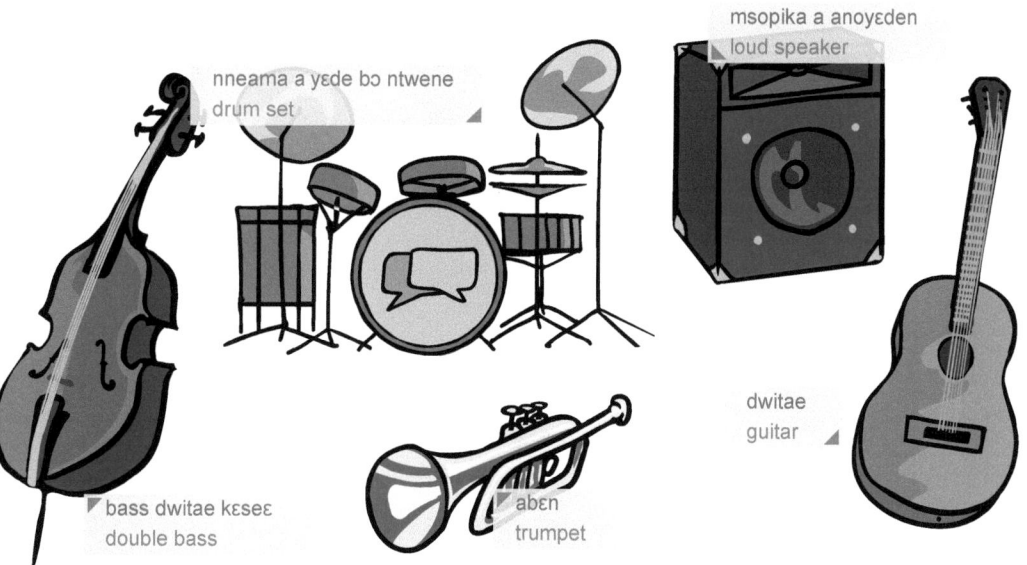

nneama a yɛde bɔ ntwene
drum set

msopika a anoyɛden
loud speaker

dwitae
guitar

bass dwitae kɛseɛ
double bass

abɛn
trumpet

sankuo

piano

ahoma sankuo

violin

bass dwitae

bass

atumpan

timpani

ntwene

drums

ntwerɛeɛ apa

keyboard

saksofon

saxophone

atentenbɛn

flute

maikrofon

microphone

ZOO

ɛpono ano
entrance

cɛbɔ
tiger

mmoa dan
cage

zebra
zebra

mmoa aduane
animal feed

panda
panda

mmoa

animals

ɔsono

elephant

kangaru

kangaroo

raino

rhino

akatea

gorilla

sisire

bear

afunuponkɔ

camel

sohori

ostrich

gyata

lion

adwee

monkey

flamingo

flamingo

ako

parrot

awɔ mu sisire

polar bear

penguin

penguin

oboodede

shark

akɔkonini abankwa

peacock

wɔwɔ

snake

dɛnkyɛm

crocodile

nnipa ɛhwɛ zoo so

zookeeper

nsuo mu gyata

seal

sebɔ

jaguar

pɔnkɔ ba

pony

etwie

leopard

susuono

hippo

kɔntenten

giraffe

ɔkɔdeɛ

eagle

kɔkɔte

boar

apataa

fish

sudandan

turtle

walrus

walrus

sakraman

fox

ɔtwee

gazelle

Amerikafoɔ futbɔɔlo
American football

skre twie
cycling

tennis
tennis

basketbɔɔlo
basketball

nsuom adwareɛ
swimming

asukɔkyea so hɔki
ice hockey

akutruku
boxing

futbɔl
soccer

badmintin
badminton

mirikatuo
athletics

bɔɔlo a yɛde nsa bɔ
handball

skii
skiing

polo
polo

sere
laugh

huri
jump

bam
hug

bo mpaeε
pray

fe ano
kiss

to dwom
sing

nante
walk

so daeε
dream

twerε
write

dwi
draw

kyerε
show

pia
push

ma
give

fa
take

nya

have

yɛ

do

yɛ

be

gyina

stand

tu mirika

run

twe

pull

to

throw

tɔ fam

fall

da hɔ

lie

twɛn

wait

soa

carry

tenase

sit

hyɛ ataadeɛ

get dressed

da

sleep

nyane

wake up

hwɛ

look at

su

cry

san ho

stroke

nunum

comb

kasa

talk

te aseɛ

understand

bisa

ask

tie

listen

nom

drink

didi

eat

yɛ nsiesie

tidy up

ɔdɔ

love

noa

cook

twi

drive

tu

fly

fa nsuo so

sail

sese

calculate

kenkan

read

sua

learn

adwuma

work

ware

marry

pam

sew

twitwiri wo se

brush teeth

kum

kill

nom gyɔt

smoke

mane

send

nana baa
grandmother

nana barima
grandfather

papa
father

maame
mother

abɔdoma
baby

ba baa
daughter

ba barima
son

ɔhɔhoɔ

guest

sewaa

aunt

wɔfa

uncle

nua barima

brother

nua baa

sister

moma
forehead

ani
eye

abɛtire
shoulder

nsatea
finger

anim
face

apantan
chin

nsa
hand

nufɔɔ
breast

ɛnan
leg

nsa
arm

abɔdoma

baby

barima

man

ɔbaa

woman

abayewa

girl

abarimawa

boy

etire

head

akyi

back

afro

belly

fruma

navel

nansoa

toe

nantini

heel

dompe

bone

ataasɔ

hip

kotodwe

knee

abatwɛ

elbow

ɛhwene

nose

ɛtoɔ

buttocks

wedeɛ

skin

afono

cheek

aso

ear

ano

lip

nipadua - body

anom

mouth

ɛsee

tooth

tɛkyerɛma

tongue

adwene

brain

akoma

heart

ntini

muscle

aharawa

lung

brɛboɔ

liver

yafunu

stomach

asaa

kidneys

nna

sex

kɔndɔm

condom

ɔbaa nkosua

ovum

barima ho nsuo

semen

nyinsɛn

pregnancy

nsabuo

menstruation

ɛtwɛ

vagina

kɔteɛ

penis

anintɔn

eyebrow

enwin

hair

ɛkɔn

neck

ayaresabea
hospital

ambulans
ambulance

abubuafoɔ akonwa
wheelchair

dompe a adwa
fracture

dokota

doctor

ɛdan a wɔde putupru nsɛm kɔmu

emergency room

nɛɛse

nurse

putupru

emergency

wɔ atwa ahwe

unconscious

yea

pain

epira

injury

mogyatuo

bleeding

akoma yarenini

heart attack

stroke yareɛ

stroke

allegyi

allergy

ɛwa

cough

ahoɔhyeɛ

fever

papu

flu

ayamtuo

diarrhea

tipaeɛ

headache

kokoram

cancer

asikyire yareɛ

diabetes

dɔkota a ɛyɛ oprehyɛn

surgeon

skapɛl sekan

scalpel

aprehyɛn

operation

CT

CT

x-ray

x-ray

ultrasound

ultrasound

nkatanim

face mask

yareɛ

disease

ɛdan a wɔ twɛn mu

waiting room

krɔhyes

crutch

plasta

plaster

banege

bandage

paneɛ

injection

Stetoskop

stethoscope

ahomankaa

stretcher

afidie a esusu ahoɔhyeɛ

clinical thermometer

awoɔ

birth

kɛseɛ mmorosoɔ

overweight

afidie a ɛboa asɛmtie

hearing aid

aduro a ekum mmoawa

disinfectant

yareɛ a mmoawa deba

infection

vaarɔs

virus

HIV / AIDS

HIV / AIDS

aduro

medicine

aduro a esi yareɛ ano

vaccination

aduro tablɛte

tablets

topaeɛ

pill

ɔfrɛ wɔ putupru so

emergency call

afidie a esusu mogya mmrosoɔ

blood pressure monitor

yareɛ / apomuden

ill / healthy

Boa me!

Help!

kɔkɔbɔ

alarm

ɛborɔ

assault

ato ahyɛ obi so

attack

ɛyɛ hu

danger

baabi a yɛfa de pue putupru so

emergency exit

Ogya!

Fire!

afidie a yɛde dumgya

fire extinguisher

nkwanhyia

accident

nneɛma yɛde sɔ yareɛ ano

first-aid kit

SOS

SOS

polisi

police

Yuropo

Europe

Amerika atifi

North America

Amerika ananfoɔ

South America

Abiberm

Africa

Asia

Asia

Australia

Australia

Atlantik

Atlantic

Pasifek

Pacific

India po kɛseɛ

Indian Ocean

Antaatek po keseɛ

Antarctic Ocean

Aatek po kɛseɛ

Arctic Ocean

Ewiase atifi

North pole

Ewiase anaafoɔ
....
South pole

Antaatek
....
Antarctica

Ewiase
....
earth

asaase
....
land

ɛpo
....
sea

supɔ
....
island

ɔman
....
nation

ɔman
....
state

klɔko no anim

clock face

dɔnhwere nsa no

hour hand

sima nsa

minute hand

anitɛtɛ nsa no

second hand

Abɔ sɛn?

What time is it?

da

day

berɛ

time

seeseiara

now

wkye a nɔma wɔ so

digital watch

sima

minute

dɔnhwere

hour

Dwoada / Monday — MO
Wukuada / Wednesday — W
Efiada / Friday — FR
Benada / Tuesday — TU
Meneneda / Saturday — TH · SA
Yawoada / Thursday
Kwasiada / Sunday — SO

ɛnora

yesterday

ɛnora

today

ɔkyina

tomorrow

anɔpa

morning

prɛmtobrɛ

noon

anwumerɛ

evening

adwuma nna

workdays

nnawɔtwe awieɛ

weekend

nsutɔ
rain

nyankontɔn
rainbow

asukɔkyea
snow

mframa
wind

nsutɔbrɛ
spring

autumnbrɛ
fall

awiabrɛ
summer

awɔbrɛ
winter

ewiem nsakrɛeɛ

weather forecast

afidie a esusu ade ho hyeɛ

thermometer

awiabɔ

sunshine

munukum

cloud

ɛbɔ

fog

ewiem nsuo

humidity

ayerɛmo

lightning

apranaa

thunder

ehum

storm

asukɔkyea

hail

monsoonbrɛ

monsoon

nsuyiri

flood

aise

ice

ɔpɛpɔn

January

ɔgyefoɔ

February

ɔbɛnem

March

Oforisuo

April

Kotonimaa

May

Ayɛwohomumu

June

Kitawonsa

July

ɔsanaa

August

εbɔ
....
September

Ahinime
....
October

Obubuo
....
November

ɔpɛnimaa
....
December

abosuo
shapes

kanko
....
circle

sokwɛɛ
....
square

rɛktangel
....
rectangle

triangel
....
triangle

krukruwa
....
sphere

adaka
....
cube

fitaa

white

akokɔ sradeɛ

yellow

ankaa

orange

pink

pink

kɔkɔɔ

red

pɛpol

purple

bruu

blue

ahaban mono

green

braun

brown

nson

gray

tuntum

black

pii / ketewa

a lot / a little

wo boafu / wɔ adwo

angry / calm

ɛyɛ fɛ / ɛyɛ tan

beautiful / ugly

ahyɛseɛ / awieɛ

beginning / end

kɛseɛ / esua

big / small

ɛha / esum

bright / dark

nuabarima / nuabaa

brother / sister

ɛho te / ayɛ fin

clean / dirty

awie / enwieɛ

complete / incomplete

awia / anadwo

day / night

awu / ɛte ase

dead / alive

emubae / ɛyɛ tea

wide / narrow

yɛde /yɛnni

edible / inedible

bɔne / tema

evil / kind

wɔ aniagye / wɔ ani nka

excited / bored

ɔso / teatea

fat / thin

edikan / etwatoɔ

first / last

adamfoɔ / atamfo

friend / enemy

ayɛ mma / hwee nim

full / empty

ɛdenden / mmerɛ mmerɛ

hard / soft

ɛyɛ duru / ɛyɛ ha

heavy / light

ɛkɔm / nsukɔm

hunger / thirst

yareɛ / apomuden

ill / healthy

etia mmara / ɛwɔ mmara mu

illegal / legal

nyansa / gyimi

intelligent / stupid

benkum / nifa

left / right

ɛbɛn / akyire

near / far

foforɔ / dada

new / used

hwee / biribi

nothing / something

wɔ anyini/ ɔsua

old / young

sɔ /dum

on / off

bue / tom

open / closed

dinn / dede

quiet / loud

ɔdefoɔ / ohia

rich / poor

nifa / benkum

right / wrong

werewerɛwerewerɛ / trontron

rough / smooth

awerɛhoɔ / anigyeɛ

sad / happy

tietia / tenten

short / long

nyaa / ntɛm

slow / fast

afɔ / awɔ

wet / dry

dedɛɛdeɛɛ / adwo

warm / cool

akoo / asomdweɛ

war / peace

0

hwee

zero

1

baako

one

2

mienu

two

3

meɛnsa

three

4

ɛnan

four

5

enum

five

6

nsia

six

7

nson

seven

8

nwɔtwe

eight

9

nkron

nine

10

edu

ten

11

du-baako

eleven

12

du-mienu

twelve

13

du-meɛnsa

thirteen

14

du-nan

fourteen

15

du-num

fifteen

16

du-nsia

sixteen

17

de-nson

seventeen

18

du-nwɔtwe

eighteen

19

du-nkron

nineteen

20

aduonu

twenty

100

ɔha

hundred

1.000

apem

thousand

1.000.000

ɔpepem

million

Brɔfo

English

Amerikafoɔ Brɔfo

American English

Chainfoɔ Mandarin

Chinese Mandarin

Hindi

Hindi

Spainfoɔ kasa

Spanish

French kasa

French

Arabia kasa

Arabic

Russianfoɔ kasa

Russian

Portugalfoɔ kasa

Portuguese

Bengali

Bengali

Germanfoɔ kasa

German

Japanfoɔ kasa

Japanese

Me
I

wo
you

ono
he / she / it

yɛn
we

wo
you

ɔmmo
they

hwan?
who?

deɛ bɛn?
what?

ɛyɛ deen?
how?

ehen?
where?

dabɛn?
when?

edin
name

akyire

behind

emu

in

anim

in front of

ɛsoro

over

ɛso

on

aseɛ

under

nkyɛn

beside

ntɛm

between

beaɛ

place